LE

PORT DE LA PERROTINE

UN PORT NATIONAL

Par J.-B. CHARRON,

Capitaine au long-cours.

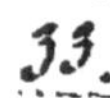

MARENNES,

IMPRIMERIE A. FLORENTIN AÎNÉ

—

1879

LE
PORT DE LA PERROTINE

UN PORT NATIONAL

Par J.-B. CHARRON,

Capitaine au long-cours.

MARENNES,

Imprimerie A. FLORENTIN Aîné

—

1879

LE PORT DE LA PERROTINE

I

L'île d'Oleron n'a plus de ports, ou du moins ceux qu'elle possède sont dans un délabrement presque complet. C'est pour sortir d'un pareil état de choses qu'a été conçu le projet sur le port de la Perrotine, soumis dans leurs séances du 30 novembre 1878, aux Conseil municipaux de Saint-Georges et de Saint-Pierre.

Ce projet se rapporte à des travaux de deux sortes : 1° La création d'un bassin à flot ; 2° La construction, dans le chenal, d'une écluse de chasse.

Le projet de bassin à flot remonte déjà à plusieurs années ; celui de l'écluse de chasse est plus récent et paraît vouloir se rattacher à tous les grands travaux proposés par M. le Ministre des travaux publics, et qui doivent doter la France des ports nécessaires au développement progressif de la richesse publique. La somme demandée pour l'exécution de ces travaux s'élève à plus d'un million. Quoique la plus grande partie de cette somme doive être fournie par l'État, il n'importe pas moins aux communes intéressées que ces capitaux soient employés avec le plus de fruit possible. Pour cela, il faut nécessairement que les travaux à entreprendre aient pour buts principaux :

1° Améliorer la navigation du chenal ;

2° Favoriser le développement des relations maritimes et commerciales ;

Et en outre il faut que la subvention proposée par les communes et votée par les Conseils soit réelle et non une surcharge pour la navigation.

Le projet, tel qu'il a été présenté, offrira-t-il bien ces avantages ? Nous ne l'avons jamais pensé. Comme on ne recommence pas tous les ans de pareils travaux; comme c'est pour le pays une question d'avenir dans laquelle les intérêts généraux de l'île même pourraient être compromis, nous avons cru devoir faire connaître à nos concitoyens les réflexions ou les appréciations qui nous ont été suggérées par l'audition du rapport et les explications de M. l'ingénieur Bonneau, auteur du projet.

Dans un chenal aussi fréquenté que celui de la Perrotine, la lenteur et les difficultés de toutes sortes de la charge pour les navires, tantôt flottants, tantôt échoués, devaient nécessairement imposer l'idée de construire un bassin à quais verticaux. On proposa, en conséquence, d'établir un tel bassin sur la rive gauche du chenal, mais à une assez grande distance de l'entrée occupée par les établissements de la marine.

L'idée du bassin admise, il fallait empêcher les sables de se déposer à l'embouchure du chenal, tâcher même de creuser l'entrée pour permettre l'accès du port aux navires d'un tonnage supérieur à ceux qui le fréquentaient habituellement. Sous cette nécessité, le bassin à flot devint un bassin de chasses. Ce projet fut soumis à une commission nautique qui déclara que le bassin, par ses proportions et dans ces conditions, ne disposerait pas d'un volume d'eau suffisant pour chasser les sables de l'entrée.

Comme conséquence des conclusions de la Commission nautique, on imagina d'augmenter la puissance des chasses, en barrant par une écluse, le chenal qui pourrait alors fournir un volume d'eau considérable ; mais c'était forcer les conclusions de cette commission, qui ne s'était occupée que du bassin. Cette idée d'écluse n'était pas nouvelle et on l'avait toujours abandonnée, parce que l'entrée du chenal, étant occupée par la marine, on ne pouvait construire cette écluse dans une position convenable, pour en tirer tout le travail utile nécessaire, et que les résultats possibles étaient plus que compensés par les désavantages inévitables et certains du barrage du chenal. En retenant les eaux du chenal, on n'augmentera pas leur force totale, mais on pourra rendre utile, à marée basse, une partie de cette force qui se perd, de mer haute, sans direction convenable. Toutefois, le supplément de chasse provenant de cette retenue sera-t-il suffisant pour débarrasser l'embouchure des sables qui l'obstruent? La construction de l'écluse et son fonctionnement n'apporteront-ils pas des changements préjudiciables au régime actuel du chenal? C'est ce que nous examinerons, après avoir dit quelques mots sur l'origine des sables qui encombrent nos ports de la côte Est.

II

D'après une opinion généralement répandue dans le pays, les sables viennent du large et sont apportés sur la côte par la mer et les courants ; c'est une erreur que nous voulons dissiper. Depuis la pointe de Chardonnière jusqu'au port du Douhet, il n'existe pas de sable, si ce n'est au pied des falaises, et le fond qui entoure la partie N. de l'île est généralement de roc, puis de tuf ; dans le pertuis et en approchant de l'île de Ré, le roc succède au tuf ; au large c'est le sable qui succède au tuf, mais à une distance de trois milles de la côte. A cette distance le fond est de vingt mètres, et, quoique dans les plus grosses mers, les eaux puissent être agitées au-delà de cette profondeur, il est admis que les particules de sable ne peuvent être soulevées au-dessous de quinze mètres, parce que le mouvement de la houle est surtout un mouvement horizontal et que le mouvement vertical incident décroît rapidement. Nous pouvons donner, comme exemple, les observations citées par l'amiral Pâris, qui établissent que, avec une houle dont la hauteur était de 3^m15, l'oscillation de la mer à 8^m50 de profondeur, n'a été trouvée que de 0^m35. Il existe, il est vrai, des mers plus grosses pouvant donner des lames de hauteur plus grande, mais qui ne dépassent pas, cependant, jamais huit mètres. Comme celles-ci suivent une même loi de décroissance, nous pouvons conclure que le mouvement vertical est toujours certainement nul à vingt mètres. Puisque le sable ne peut être soulevé à cette profondeur, le courant de flot, qui vient du large, ne peut l'apporter sur nos côtes.

Le sable ne pouvant venir du large, il ne peut non plus provenir du pertuis, puisqu'il n'existe pas de sable dans celui-ci, si ce n'est à partir du port du Douhet; donc les sables ne peuvent venir que du S. Tout le sable qui se transporte au N. du port de Saint-Denis' et même jusqu'à Chassiron provient-il donc de la Malconche? Il est certain que la plus grande partie tire de là son origine, mais il faut y ajouter le sable qui se détache des falaises dans l'érosion de celles-ci, en mauvais temps.

Examinons, maintenant, la position de nos côtes. Depuis la pointe de Chassiron jusqu'à celle des Saumonards, la côte court vers l'E.-S.-E. La houle du large s'engouffre dans le pertuis entre les deux côtes sensiblement parallèles de l'île de Ré et de l'île d'Oleron dans la direction de l'O.-N.-O. à l'E.-S.-E., qui est la direction générale de la grande houle du golfe. La houle, en prolongeant les côtes de l'île d'Oleron, rencontre des fonds de hauteurs croissantes qui provoquent, dans la partie O. de l'ondulation, un arrêt dans la propagation. Comme le mouvement est successif, il s'ensuit un arrêt continu qui amène un changement de direction. Avec ces modifications, la houle, qui devrait courir parallèlement à la côte, est déjà devenue oblique en face du port de Saint-Denis; celle qui atteint l'anse de la Malconche ayant eu une plus grande distance à parcourir sur des fonds s'étendant d'avantage au large, va frapper la côte dans une direction à peu près perpendiculaire.

Pendant le flot, depuis Chassiron jusqu'au Douhet, la mer brise constamment sur des rochers, et ce n'est que de mer haute, de maline, que, rencontrant, pendant les gros temps, des falaises à pic, elle vient se briser violemment contre elles enlevant le sable qui les domine ou rongeant celui qui est à leur pied; au S. du Douhet, le plus grand effort des lames de flot se fait à marée haute, au pied de la dune; pendant le flot, le sable de la plage, qui est mis en mouvement, sans cesse agité, roule sur lui-même et est entraîné vers le rivage par le courant déterminé par la houle.

Pendant le jusant, la mer devient plus grosse parce que la houle et le courant sont contraires; tout le long des côtes et près de celles-ci le courant de la houle et le courant de jusant se combattant, les eaux se chargent de sable en suspension, mais comme le courant qui se retire est plus fort, le sable est entraîné perpendiculairement à la côte, tant que la houle conserve son action sur la masse, c'est-à-dire, jusqu'à une certaine profondeur dépendant de l'état de la mer et de la force du courant général. Le mouvement est alors modifié, et les sables sont entraînés le long de la côte par le courant inférieur de jusant qui acquiert une force d'autant plus grande qu'il est davantage combattu à la surface.

Les forces relatives déterminées par la houle en flot et en jusant sur les corps en suspension peuvent être facilement établies par les faits que l'on observe sur la côte O., par exemple : Quand, dans les anses de cette côte, le goëmon-épave vient se présenter, il semblerait que la vague se déroulant sans cesse sur elle-même devrait, en se retirant, le déposer en totalité sur la plage. Il n'en est point ainsi, et s'il n'était pêché, la plus grande partie retournerait à la mer. Cependant celui-ci, comparé au sable, est presqu'un corps flottant ; l'on comprend donc comment le sable, mis en mouvement par le flot, est entraîné en grande partie au large par le jusant.

Les sables sont donc entraînés finalement au N.-O. suivant la direction du courant général ; à l'étale, ils commencent à se déposer sur les rochers le long de la côte ; au flot suivant, la houle et le courant de directions semblables s'en emparent, les font remonter vers le rivage et les déposent en amont des jetées ou épis de la partie N. de l'île, construits perpendiculairement à la terre et sur lesquels la lame vient se briser obliquement.

Le sable s'accumule ainsi jusqu'à ce que la jetée ou l'épi soient couverts, et si on les exhausse ou si on les prolonge le sable gagne toujours, modifiant alors le gisement des côtes. Le gisement des côtes modifié, l'effet de la houle change sur le rivage. Au N. de ces digues, la plage devient parallèle à la houle qui s'engouffre dans cette espèce de cul-de-sac et, en se déroulant avec furie, remonte le sable bien au-delà de la hauteur ordinaire de la marée. Au S. de la digue, la houle ronge d'abord celle-ci en fouillant le sol, puis, libre du côté du N., elle modifie son mouvement. Suivant la longueur de la digue, le mouvement s'étend de proche en proche et l'ondulation peut devenir parallèle à la côte. Quand la mer est haute, les mêmes effets se produisent, et pendant les mauvais temps, la mer vient se briser en aval de ces jetées avec une bien plus grande violence. Les épis, tout en arrêtant le sable au N., favorisent au S. l'érosion des côtes et augmentent ainsi, sans cesse, la quantité de sable en mouvement. Pour que leur effet fût réellement utile, il faudrait qu'ils fussent rapprochés les uns des autres à une distance dépendant de leur longueur et de la direction dominante de la houle. Au lieu de cette succession d'épis, il serait certainement beaucoup plus avantageux et plus économique de fortifier simplement les points menacés par la mer par des digues protégeant directement la falaise.

III

Entre la pointe des Saumonards et l'îl d'Aix commencent les coureaux ; la houle du pertuis se dirigeant à l'E.-S.-E. rencontre au N. de la Longe des fonds plus petits au large de l'île d'Oleron, l'ondulation est retardée dans sa partie O. et la direction de la houle s'incline vers le S.-E. ; près de la pointe des Saumonards, le fond est croissant et sensiblement égal à celui qui se trouve de l'autre bord, la direction de la houle devenue parallèle aux rivages se maintient dans cette direction sans que la Longe, située entre les deux coureaux, puisse en rien la modifier. La partie O. de l'ondulation prolonge la rade des Trousses dont les côtes, depuis les Saumonards jusqu'à la pointe de la Perrotine, sont presque accores. — La direction de la côte et l'augmentation du fond rendent la mer toujours relativement belle sur la rade des Trousses, même avec les vents de N.-O., contre lesquels elle n'a pourtant aucun abri. — Au S. de la pointe de la Perrotine le fond commence à diminuer, l'ondulation devient oblique jusque vers la pointe d'Arceau, puis quand elle s'étend sur la longue plage basse des Tamarins, la direction de la houle devient perpendiculaire au rivage. Quand, dans le mauvais temps et par de grandes marées, la mer atteint le pied de la dune, elle ronge celle-ci ; le flot roule le sable, puis le jusant l'entraîne au large jusqu'au courant général de jusant, qui le remonte vers le N.

Mais le plus souvent la grandeur de la marée n'est pas suffisante pour atteindre la côte des Tamarins, la force de la mer ne peut alors s'exercer que sur les plages situées entre la Perrotine et le chenal d'Arceau ; la quantité de sable mise en mouvement dans cette partie de la côte sera donc beaucoup plus faible que sur les points situés au N. des Saumonards. Mais ici la position de la côte ayant changé, les modifications de la houle étant différentes, les conditions dans lesquelles s'opèrera le dépôt des sables sont contraires, quoique le transport de ceux-ci se fasse par le même mouvement. Dans la partie N. de l'île, les sables sont apportés au N. des digues par le flot; dans la partie S. le sable est simplement déposé au S. de celle-ci par le jusant.

Si le sable venait de flot, il viendrait de la Malconche, mais alors il serait amené en grande quantité, ce qui n'est pas et qui ne peut pas être ; parce que, ainsi que nous l'avons démontré, le mouvement relatif qui entraîne le sable est plus fort pendant le jusant que pendant le flot, et que le sable détaché, surtout pendant la haute mer, ne pourrait être ramené au-delà de son point de départ. Néanmoins, la houle de flot peut bien ronger la pointe des Saumonards, mais le sable ainsi produit est en petite quantité et ne pourrait être transporté jusqu'à la Perrotine ; il se déposerait seulement un peu plus loin dans les eaux mortes laissées le long de la côte par le courant général qui ne la prolonge pas exactement.

Si, d'ailleurs, les sables étaient apportés par le flot, ils ne seraient pas seulement déposés à l'extrémité de la jetée de la Perrotine, mais tout le long de celle-ci, et seraient entraînés en grande quantité à l'intérieur du chenal lui-même. En outre, de même que pour les digues du N. de l'île, le sable se déposerait au N. de la jetée de la Perrotine et au N. de la digue d'Arceau, mais c'est le contraire qui a lieu. Donc, c'est le jusant à peu près seul qui apporte le sable sur cette côte.

La pointe de la Perrotine prolongée par la jetée avance dans la mer à quelques centaines de mètres des fonds de dix mètres. Tout le sable qui est détaché au S. de cette pointe est entraîné par le jusant le long de la terre, et comme le courant général est à moins de cent mètres de l'extrémité de la jetée, ce sable va se déposer naturellement dans la baie formée par la côte, la pointe et la jetée. Primitivement, le sable s'était amoncelé très-près de la terre, où il avait formé une espèce de barre élevée. Mais avec les grands vents d'O. ce sable, sans cohésion, a été enlevé, puis entraîné, et il s'est formé une nouvelle barre plus au large. Ces barres se dirigent du N. au S. environ, ce qui démontre bien que l'effet résultant de la houle et du courant intérieur va de l'O. à l'E. Mais le sable ainsi accumulé, auquel vient se joindre toujours du sable nouveau, est mis en mouvement par la houle, le courant dérivé de jusant qui court vers l'E. enlève une partie de ces sables jusque dans les eaux du courant général qui les entraîne ensuite dans le N.-O.

Au premier jusant, le courant monte encore un peu dans le chenal ; puis vient l'étale et ce n'est qu'une heure et demie ou deux heures après la pleine mer que le courant du chenal s'établit. Pendant ce temps, dans la baie formée au N. de la jetée, qui est l'entrée même du chenal, il n'y a donc pas de courant, et il s'y produit des remous dans lesquels le courant général rejette le sable, et celui-ci contournant le banc qui prolonge la jetée vient se déposer dans ces eaux-mortes. Mais quand la mer a suffisamment baissé, le courant du chenal longe la jetée avec une grande vitesse et vient se réunir directement au courant général. Le sable est alors refoulé ; celui qui a pu se déposer pendant l'étale au S. de la jetée est entraîné par le courant du chenal. Ce dernier courant et le courant général se réunissent sous un angle obtus du côté du S., il se forme des courants dérivés qui rejettent les sables vers l'O., c'est-à-dire dans la direction d'où ils étaient venus ; mais comme la mer a déjà perdu et que ces courants dérivés sont plus faibles que les courants relatifs de la houle, le sable reste en dehors et le banc s'avance de plus en plus dans la mer. Le courant de chaque jour a une force suffisante pour chasser les sables, mais non pour approfondir l'entrée, d'où il résulte que chaque dépôt qui se fait à l'étale en s'agrégeant momentanément avec le fond, laisse sur celui-ci une certaine quantité de sable, mais très-petite, puisque depuis plus de quarante ans, quoiqu'il n'ait pas été fait de travaux à l'entrée, le fond s'est bien un peu élevé, mais le chenal n'a pas cessé d'être navigable.

IV

D'après la théorie que nous venons d'émettre sur les forces diverses qui amènent le sable à l'entrée du chenal de la Perrotine, le temps pendant lequel ceux-ci peuvent se déposer est de deux heures au plus. Supposons maintenant le chenal barré par une écluse, il se formera des remous pendant la plus grande partie du jusant et le sable viendra se déposer en amont de la jetée pendant tout le temps que la mer couvrira l'entrée, soit quatre ou cinq heures ; les dépôts pourront donc être doubles ; or, la construction d'une écluse située à mille mètres de l'extrémité de la jetée doublera-t-elle la puissance de la chasse ? Cela est impossible, il s'ensuivrait que la hauteur du fond croîtrait sans cesse, et quand on s'apercevrait du résultat négatif des chasses, le port serait déjà dans une condition inférieure à celle dans laquelle il est actuellement. Abandonnerait-on l'écluse et se résignerait-on ainsi à avoir jeté des centaines de mille francs dans l'eau? Cela pourrait être, mais il est plus probable qu'on persisterait à vouloir tirer parti d'une dépense inutile, et, pour ne point abandonner le port, on entreprendrait de nouveaux travaux qui pourraient n'avoir pas de meilleurs résultats. — L'auteur du projet nous l'a du moins fait espérer, ce qui prouve qu'il n'avait pas une foi bien grande dans la réussite de l'entreprise.

Malgré toutes les preuves que nous avons données, admettons, néanmoins, que les sables ne soient point déposés pendant le jusant et que c'est le flot qui les apporte. Quand la chasse aura parcouru les 800 mètres qui séparent l'écluse de la pointe N., rongeant les talus, détruisant même la jetée qui peut n'avoir ni là solidité ni la profondeur convenables, elle aura déjà perdu une partie de son impulsion première. En arrivant à l'entrée, aura-t-elle alors conservé la force suffisante pour poursuivre sa route le long de la jetée près de laquelle les sables devront s'arrêter de préférence ? N'arrivera-t-il pas que le courant de la chasse, après avoir creusé le chenal à l'intérieur tant qu'il est maintenu entre deux rives resserrées, trouvant un obstacle, le sable déposé, ne dévie pour prendre une direction quelconque ? Au flot suivant, le cours extérieur du chenal non protégé au N. ne sera-t-il pas comblé par des sables nouveaux? La chasse ne pourra-t-elle pas alors former un nouveau chenal comblé à la marée suivante et ainsi de suite? Admettons encore que ces suppositions ne soient point pleinement justifiées. Quand le courant de la chasse sera arrivé à l'extrémité de la jetée, il aura un banc à prolonger, à traverser même, sans aucune protection, sans guide. N'est-il pas certain que là au moins, il pourra se comporter de la façon énoncée précédemment et que le chenal du large deviendra ainsi extrémement variable? Le courant, au lieu de suivre en masse sa direction précédente, ne pourra-t-il pas se disperser et laisser ainsi se former une véritable barre dangereuse pour les navires? Et comment, dans ces différents cas, ces derniers pourront-ils y retrouver leur route? Faudra-t-il créer des pilotes? Ou le navire sera-t-il contraint de prendre un remorqueur?

Dans le projet qui a été soumis, on ne s'occupe point de travaux destinés à faciliter l'entrée aux navires qui, avec le moindre vent contraire, doivent attendre ou s'exposer à échouer sur le haut-fond de l'entrée. C'est cependant une question majeure pour les caboteurs qui fréquentent nos ports : c'est, ou une perte de temps, ou un remorquage forcé qui accroissent les dépenses, quand la navigation a besoin pour vivre de naviguer le plus économiquement possible. Vouloir donner des facilités pour le chargement n'était pas suffisant, il fallait tâcher de rendre l'entrée plus facilement abordable, afin de procurer à la marine des avantages certains. Loin de là, on veut lui imposer une charge nouvelle dont nous parlerons plus loin.

De tous les travaux projetés, la construction de l'écluse de chasse est, aux yeux de la population intéressée, en général, le seul travail utile pour lequel elle demande même une exécution immédiate, espérant que l'écluse procurera le désensablement promis. Or, cette écluse, composée de trois pertuis : pertuis central de navigation, pertuis de chasse, pertuis supplémentaire, entravera la navigation supérieure du chenal, en ne permettant l'entrée et la sortie des navires qu'à de certaines heures et à de certaines marées, tous les inconvénients, enfin, qui existent dans les ports à bassins.

L'écluse aura en outre le grand désavantage — et c'est une des principales causes qui devraient faire renoncer à ce projet, — de faciliter, pendant les cinq heures de jusant, dans la partie supérieure du chenal, le dépôt de la vase et des détritus de toutes sortes amenés par les eaux, ce qui nécessitera des curages répétés dans un chenal qui, par son courant continuel, a toujours empêché ces dépôts de se former, et il serait du chenal de la Perrotine ce qu'il en est actuellement du canal du Douhet, toujours envasé.

Dans l'hiver, quand la mer est la plus grosse, quand le dépôt des sables à l'entrée peut être le plus grand, il serait souvent impossible de fermer l'écluse pour donner la chasse, parce que l'écoulement des eaux étant empêché pendant ce temps, les propriétés riveraines seraient inondées et les récoltes détruites.

L'avantage très hypothétique de chasser les sables de l'entrée par l'accroissement de la force de la chasse a donc contre lui bien des désavantages certains : l'écluse entrave la navigation, elle conduit à l'envasement du chenal, elle peut nuire aux propriétés voisines ; elle peut en outre causer des avaries aux navires amarrés, soit en amont, soit en aval, par le courant rapide qu'elle peut déterminer.

En conséquence, nous ne devrions admettre l'écluse que s'il nous était démontré que l'on ne peut pas améliorer le chenal par des moyens plus simples, en aidant simplement aux forces naturelles actuelles.

V

Quant au bassin de chasse ou à flot, on espère que la hauteur de l'eau au-dessus du radier pourra être de $4^m 50$ aux marées de vives eaux. En admettant que ce chiffre puisse être atteint aussi à l'entrée du chenal, il n'y aurait environ que 3 mètres dans les marées de mortes eaux. La grandeur des navires pouvant fréquenter notre port ne serait donc pas sensiblement augmentée, puisqu'avec ce tirant des navires de 100 tonneaux ne pourraient, en charge, rentrer ou sortir à toutes les marées. Mais aujourd'hui que la vapeur tend partout, dans la navigation, à se substituer à la voile, ce tirant d'eau est complètement insuffisant et nos relations maritimes ne gagneraient absolument rien par la construction de ce bassin. Les 100,000 tonnes de marchandises qui constituent le mouvement maritime annuel de l'île, lequel ne peut que s'accroître, continueraient à être grevées des frais considérables dûs à la petitesse des navires reçus, au long séjour possible des navires dans le port et à la longueur des voyages. Nous ne pourrons jamais espérer de voir diminuer ces frais ni d'étendre nos relations commerciales, tant que nous n'entreverrons pas la possibilité d'obtenir des escales de vapeurs de grandeur moyenne se dirigeant soit sur Bordeaux soit sur les ports de Bretagne, sur Nantes, Brest, le Hâvre ou même l'étranger.

Cette idée de bassin à flot, parfaite en elle-même, n'aurait d'avantages véritables que si le tirant d'eau pouvait s'accroître de plus d'un mètre ; or, comme il est à peu près impossible d'obtenir ce résultat à l'intérieur du chenal, il faut renoncer au bassin qui est inutile.

VI

Néanmoins, les Conseils municipaux de Saint-Pierre et de Saint-Georges, voulant montrer toute l'importance qu'ils attachaient à la création d'un port, ont admis une subvention décennale de 150,000 francs. Quels sont les moyens proposés pour parfaire cette subvention ? Chaque commune a voté, sur ses ressources, 2,500 francs annuels, soit 5,000 francs pour les deux communes et 50,000 francs pour la période de dix ans. Il reste donc 100,000 francs à trouver. Pour y parvenir, c'est-à-dire pour trouver les deux tiers de la subvention, on a pris une voie détournée assez originale : on a dit que ceux qui devaient profiter des facilités du port nouveau, devaient en payer les dépenses. Rien ne paraissait plus juste au premier abord, tout le monde eut conclu que c'étaient les propriétaires de l'île qui étaient les plus intéressés à ces travaux, cela n'est point ; il paraît, au contraire, que ce sont les navires eux-mêmes. Donc, après avis — défavorable, j'aime à le croire ! — de la Chambre de Commerce de La Rochelle, les navires seront imposés, jusqu'à parfait paiement de la subvention, d'un droit de 50 centimes par tonneau effectif transporté, tant à l'entrée qu'à la sortie. Rien, on le voit, n'est si facile que de se passer le luxe d'une subvention, avec l'argent des autres ! La question, assez bien posée, me semble mal résolue, car les habitants de l'île pourraient ainsi, aussi bien pour le présent que pour l'avenir, se créer un port, tandis que l'armateur qui enverra son navire une seule fois dans ce port n'en tirera qu'un profit difficilement appréciable ; celui-ci n'en paiera pas moins une contribution beaucoup plus forte que le plus riche propriétaire de l'île. Ce droit de tonnage retombera toujours d'ailleurs, directement ou indirectement, sur le producteur, qui le recevra en moins du négociant, parce que ce dernier sera obligé de donner un fret plus élevé au navire qui viendra dans notre port, ou autrement ce navire ira ailleurs, là où il n'y aura pas de droit de tonnage à payer. Mais peut-être qu'en agissant ainsi les communes, qui subventionnaient, voulaient aussi imposer une partie de cette subvention aux communes voisines qui pouvaient être conduites à expédier leur produit par ce port. S'il en était ainsi, il eut mieux valu s'expliquer avec franchise et demander au Conseil général une subvention au nom des cantons intéressés, car c'est toujours un mauvais procédé, celui qui consiste à vouloir atteindre son but par une voie détournée, même quand on croit agir pour le bien public. Dans une question comme celle-ci, dans laquelle la prospérité générale de l'île peut sérieusement dépendre des résolutions arrêtées, il fallait étudier profondément la question, non dans quelques heures de séance où l'on se contentait simplement d'approuver, mais publiquement, prendre l'avis de tous les intéressés et de ceux qui pouvaient être compétents en dehors des Conseils et des communes, puis, si le projet était reconnu bon, utile, réalisable, il fallait voter non pas une misérable somme à prendre sur les ressources ordinaires déjà insuffisantes pour les services principaux : l'instruction primaire et les chemins vicinaux, mais 150,000 francs, 200,000 francs même, par un emprunt public à longue échéance. La création d'un port n'est pas une œuvre de chaque jour, ce doit être une œuvre durable, d'avenir, et il est bien juste que ceux qui en jouiront le plus, ceux qui viendront après nous, participent à des dépenses dont ils auront déjà pu escompter les résultats.

VII

Si le projet actuel, ainsi que nous espérons l'avoir démontré, ne peut ni améliorer la navigation du chenal ni favoriser le développement de nos relations maritimes et commerciales, devons-nous nous résigner à n'avoir pas de port dans notre île? Non, bien loin de là, il nous en faut au moins un, je dirai même plusieurs, car nous avons deux ports, de nombreux chenaux que nous a donnés la nature et que nous ne pouvons abandonner. Nous devons vouloir l'amélioration de tous ces ports, seulement le port de la Perrotine étant le mieux placé maritimement, nous devrions peut-être demander pour lui davantage et le mettre en première ligne. Comme c'est d'ailleurs plus spécialement ce port que nous avons en vue dans cette étude, nous y revenons pour nous permettre de dire, en terminant, ce que nous pensons être la meilleure solution. Après avoir tenté de détruire, nous voudrions pouvoir fonder en indiquant sommairement le projet qui paraît devoir amener un résultat certain et durable.

Ainsi que je l'ai déjà dit : depuis plus de quarante ans, nuls travaux n'ont été faits à l'entrée du chenal et ce chenal ne s'est pas comblé ; il n'y a donc rien à changer aux conditions générales actuelles du port. Le Conseil municipal, dans sa séance du 23 février 1878, a déjà demandé pour nos ports la création d'une drague à vapeur ; ce vœu a été renouvelé dans la séance du 18 février de cette année. Le travail de cette drague serait employé le plus promptement possible à la Perrotine à dégager l'entrée des sables actuels et de ceux qui s'y déposent annuellement ; le courant naturel suffirait ensuite à l'entretien ordinaire du chenal.

A partir des établissements de la marine, le chenal devrait être élargi et le quai de la rive gauche continué. Celui-ci pourrait être construit de façon à former un avant-port commercial où les navires de plus grand tirant d'eau viendraient compléter leur chargement et où pourraient aborder en tout temps les vapeurs de La Rochelle et des ports voisins s'il en était établi. Ce quai serait prolongé par une estacade dans la direction du N.-E. devant faciliter l'entrée des navires à voiles.

Telles sont, dans leurs points essentiels, les modifications peu coûteuses à apporter au régime actuel du chenal et qui en feraient le meilleur port de l'île, suffisant pour nous permettre de conserver nos relations maritimes et commerciales.

On peut objecter à l'emploi utile de la drague à vapeur l'exemple d'un port voisin, celui de La Rochelle, où le dragage continuel ne peut apporter d'améliorations sensibles. La position des deux ports est bien différente : le port de La Rochelle est situé au fond d'une baie dans laquelle le jusant apporte toutes les vases du S., il est exposé à l'O., à toute la violence de la mer qui vient briser sur la côte environnante, les fonds extérieurs sont très-élevés et découvrent presque aux basses mers d'Equinoxe ; le port de la Perrotine ne reçoit qu'une quantité très-faible de sable, il est situé sur une côte presque accore que longe le courant général du Coureau, il débouche à l'E. dans une mer toujours belle, les fonds de 10 mètres sont à quelques centaines de mètres de la plage.

En outre du port de la Perrotine, la drague pourrait être employée une grande partie de l'année à curer les ports de Saint-Denis, du Douhet, du Château et autres chenaux de l'île et même de l'arrondissement de Marennes. Ce serait donc donner à notre pays, pour une dépense modique première de 100,000 francs environ, des moyens faciles d'entretenir ses ports dans le meilleur état.

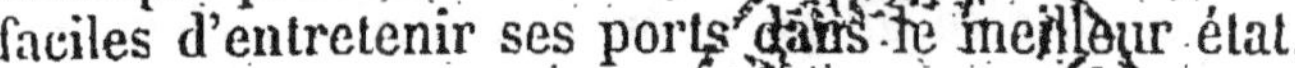

VIII

UN PORT NATIONAL

Ici s'arrêtent les considérations que nous avons cru devoir présenter sur le port de la Perrotine. Mais aujourd'hui que le mouvement des idées est aux vastes conceptions, nous voulons dire quelques mots sur le port de la mare à la Besse, et sur la possibilité de la création d'un port réellement en eaux profondes dans les pertuis.

Certes, si le projet en question n'avait en vue que l'accroissement légitime du port de La Rochelle, tel qu'il était conçu en 1876, nous n'aurions rien à y objecter ; mais c'est un projet beaucoup plus étendu, destiné à créer de toutes pièces sur nos côtes, ainsi que l'a dit M. Bouquet de la Grye, un véritable Liverpool français, c'est-à-dire un port nouveau destiné à changer la direction du mouvement commercial actuel, à l'accaparer même, devant recevoir les transatlantiques qui touchent aujourd'hui à Bordeaux et à Saint-Nazaire, pouvant même, au besoin, mettre à l'abri une flotte cuirassée.

Est-ce la faible et étroite dépression du sol, appelée la mare à la Besse, que l'on a voulu utiliser ? Ou bien un tel choix n'a-t-il été fait que parce que ce point était situé sur la rade le la Pallice ? Il n'est pas permis d'hésiter, c'est la rade qui a déterminé le choix du lieu.

N'est-il pas dans nos pertuis une rade tout aussi profonde, la rade des Trousses ; plus sûre même que celle de la Pallice ; plus facilement abordable, puisque l'on peut y entrer par le N. et par le S. ; plus vaste, puisqu'elle est si voisine de la rade de l'île d'Aix qu'elle se confond presqu'avec elle ?

La rade des Trousses est protégée par les forts des Saumonards et de Boyard, elle est la suite naturelle du port militaire de Rochefort. S'il était construit un port ayant accès sur cette rade, ce port bien défendu serait dans le cas de défense nationale, une position navale de premier ordre ; les vaisseaux cuirassés pourraient y venir en tous temps, soit pour se mettre à l'abri de la tempête, soit pour se ravitailler en temps de guerre.

La position maritime de ce port serait évidemment supérieure, puisque la côte des Saumonards est accore, les fonds de 5 mètres sont presque à la laisse de basse mer, les fonds de 10 mètres à 200 mètres environ de la côte, qui est à l'abri de tous les mauvais temps. La côte au N. de la pointe Chef-de-Baie est exposée à l'O.; les fonds de 5 mètres sont à 600 mètres et les fonds de 10 mètres à 1,200 mètres de la côte.

Quant à la construction, à la réparation et à l'avitaillement des navires, La Rochelle possède bien quelques petits établissements de ce genre, mais tout serait à réorganiser si le port prenait une extension plus considérable. D'ailleurs ce n'est pas à La Rochelle, c'est à la mare de la Besse qu'est situé le port proposé, et le rivage de la rade des Trousses est beaucoup plus convenable que la côte précédente pour y établir des chantiers de construction ou de réparation. Des bassins de radoub dépendants ou indépendants du bassin de commerce pourraient y être plus facilement établis à cause de la nature du sol ; on pourrait même y renoncer, parce que la mer est toujours belle au pied de la côte et que l'on pourrait plus économiquement établir sur le rivage des hâlages en travers, du système Labat, pour visiter et réparer les navires de toutes dimensions. La disposition du rivage permettrait le lancement facile de toutes classes de navires, et, par suite, la construction de ceux-ci pourrait s'y faire dans les meilleures conditions.

La Rochelle invoque sa population maritime nombreuse et active, mais qui se livre presque entièrement à la pêche. A l'île d'Oleron, la navigation de long-cours et de cabotage est presque exclusivement en honneur, les marins sont aussi nombreux. L'île offrirait donc actuellement plus de ressources que La Rochelle pour le recrutement maritime des capitaines, des officiers et des matelots.

Un port, pour suffire à toutes les exigences du commerce, a besoin de se relier avec l'intérieur par des canaux qui peuvent souvent concurrencer utilement les chemins de fer et par lesquels s'effectue surtout le transport des matières d'encombrement ou de peu de valeur. Or, le port de la Besse est isolé ; il en est de même du port de La Rochelle, qui n'aura qu'un canal insignifiant, le canal de Marans ne pouvant guère servir au transport des marchandises d'expédition. L'île d'Oleron, au contraire, jouit d'une position toute spéciale : entre la pointe des Saumonards et le pertuis de Maumusson existent les coureaux sur lesquels la mer n'est presque jamais assez grosse pour empêcher les bateaux pontés de rivière ou même de canal de circuler. Deux rivières navigables : la Charente et la Seudre, se jettent dans les coureaux. Par la Charente et les canaux qui s'y joignent, le port des Saumonards pourrait recevoir les produits des Charentes. La Seudre et la Gironde ne sont éloignées l'une de l'autre que d'une dizaine de kilomètres. Si l'on réunissait ces deux rivières par un canal, — travail qui doit être facile, puisqu'une partie des terres qui les séparent ne sont que des marais, — le port des Saumonards se trouverait relié par eau avec le premier port du golfe, et par Bordeaux avec tout le Midi, puis encore avec le Centre de la France par les nouveaux canaux proposés qui doivent se relier à la Garonne. Le port des Saumonards serait ainsi dans une position exceptionnelle puisque, rayonnant sur une grande partie de la France, il serait susceptible de recevoir les plus grands navires auxquels il offrirait à bas prix des éléments de fret.

Le seul désavantage de cette position sans rivale sur les côtes de France est que la rade des Trousses ne baigne que les rivages d'une île dépourvue de communications directes avec le continent. Est-ce là un obstacle sérieux ? Non, dans peu d'années un chemin de fer construit jusqu'à la pointe du Chapus mettra l'île en communication par Rochefort avec les lignes d'Orléans sur Paris, et de l'Etat sur Nantes et Bordeaux ; quelques kilomètres de plus de chemins de fer sur l'île d'Oleron seront d'une facile exécution ; puis, pour les unir, il faudra un pont, un tunnel ou tout autre moyen analogue de relier facilement et promptement les deux rives d'un fleuve. Car, qu'est-ce autre chose que le bras de mer qui sépare l'île du continent, qu'un fleuve ayant aux points les plus rapprochés une largeur d'un peu plus de deux kilomètres dont le fond de sable et de roche assèche presque complètement aux basses mers d'Equinoxe. Les relations par terre pourraient ainsi être immédiatement assurées.

La construction d'un pont serait certainement une dépense élevée, mais ce ne serait pas relativement une œuvre sans grandeur ni sans utilité. Nous admettons la construction de ce pont comme imposée par le port national des Saumonards ; mais nous avons déjà fait remarquer que l'on pourrait aussi réunir l'une à l'autre rive par un tunnel, projet proposé, il y a quelques années, par M. l'ingénieur Fleury et qui serait moins coûteux que le pont. Il existerait peut-être encore un troisième mode de communication plus économique que les précédents et qui serait le transport matériel des wagons sur des radeaux remontant des plans inclinés construits sur les plages opposées de l'île et du continent? Quel que soit le choix que l'on puisse faire d'une de ces voies de communication, nous croyons pouvoir avancer que les travaux réunis de cette voie et du bassin ne nécessiteraient pas de dépenses plus élevées que ceux à entreprendre au port de la Besse. En effet, ce dernier port doit être creusé à environ 5 mètres au-dessous du niveau des basses mers d'Equinoxe ; or, comme le fond de la mare est sensiblement à ce niveau, il y aurait 5 mètres de roc à creuser et à déblayer ; au port des Saumonards il n'y a que du sable ; il y aurait donc entre les deux sortes de travaux une grande différence en faveur du second. Pour faciliter l'entrée de ce bassin deux estacades suffiraient : la principale, située au N., devrait avoir environ 100 mètres ; la seconde, une trentaine de mètres seulement. Le terrain sur lequel serait construit ce port appartient à l'Etat, il n'a pas grande valeur, il est vaste et l'on pourrait sans peine y creuser des bassins rapprochés les uns des autres, autant que l'exigeraient les développements du commerce. La mare de la Besse a une superficie assez restreinte et les terrains qui la bordent sont élevés, on a donc été conduit, en vue de l'extension possible de ce port, de rechercher autre part un emplacement convenable à de nouveaux bassins ; celui-ci a été trouvé à 1,500 mètres plus loin ; les bassins seraient ensuite réunis par un canal de cette longueur — la plupart de ces nouveaux travaux devraient aussi se faire dans le roc. — En comparant la difficulté et la grandeur de ces travaux, nous pouvons sûrement admettre que le percement de l'entrée, la construction des estacades, le creusement du bassin des Saumonards n'occasionneraient pas de dépenses plus considérables que celles nécessaires à la seule construction des bassins et du canal de la Besse, nous pouvons même certifier qu'elles seraient de beaucoup inférieures. Mais ce port, situé sur une côte dangereuse, exigerait un vaste avant-port entièrement inutile au port des Saumonards dont la rade des Trousses serait l'avant-port toujours sûr et naturel. Cet avant-port doit être protégé par deux digues : l'une de 850 mètres, l'autre de 400 mètres, le fond de roc doit être creusé uniformément sur toute la surface entourée de façon à offrir une profondeur de 5 mètres au-dessous du zéro des cartes marines. La seule longueur de ces jetées réunies suffirait presque à joindre l'île au continent ; le creusement de l'avant-port étant en surplus, nous pouvons conclure que pour la même somme de dépenses, on pourrait presque construire le pont. Donc, sans nous appuyer sur des chiffres certains dont les éléments nous manquent, nous pouvons, sans exagération, estimer que la somme des dépenses nécescessaires aux travaux pour faire un port de la mare de la Besse, travaux estimés 18 millions par M. l'ingénieur Thurninger, seront plus que suffisants pour créer le port des Saumonards et construire le pont qui devrait relier l'île au continent.

En résumé, quand même le port des Saumonards devrait être plus coûteux à construire que celui de la Besse, nous devons reconnaître qu'il possède des avantages immenses qui font entièrement défaut à l'autre : avec la construction du pont les relations par terre y seraient aussi faciles ; les relations par eau y deviendraient supérieures ; le recrutement des marins s'y ferait au moins dans les mêmes conditions ; la construction et surtout la réparation des navires pourraient s'y faire plus économiquement, puis, enfin, aux points de vue maritime et naval, -

qui doivent être les seuls guides dans le choix d'un port national, tout l'avantage de la position est aux Saumonards.

Tous les éléments, toutes les nécessités d'un commerce étendu, se trouvent donc réunis dans la port national des Saumonards et il est impossible que le gouvernement de la République, si préoccupé du développement progressif de nos relations maritimes et commerciales, puisse refuser d'examiner un projet qui donnerait à notre région de l'O. de la France, si déshéritée, un des meilleurs ports du monde.

IX

CONCLUSION

Descendons, maintenant, de ces grandioses spéculations et revenons dans notre modeste sphère. Sans préjuger la question du port national des Saumonards dont il serait à l'heure actuelle peut-être difficile, sinon impossible, d'obtenir la création, parce que d'autres propositions ont été faites par des personnes beaucoup plus autorisées, recherchons quel fruit nous pourrons retirer de cette étude locale. Nous avons en outre le tort immense d'arriver trop tard ; non que ce retard puisse nous être imputé, car nous avons déjà, il y a plus d'une année, demandé que des études soient faites sur cette question ; mais il peut être encore temps ? Alors demandons-nous simplement si, faute de ce grand port national, il ne nous conviendrait pas, pour nous-mêmes, pour le commerce spécial de l'île, d'avoir un port sûr et commode avec bassin à flot ?

L'importance de notre commerce exige-t-elle impérieusement une telle création ? Nous nous prononçons hautement pour l'affirmative. En effet, le commerce de l'île est considérable ; le tableau général des mouvements du cabotage pour l'année 1874, que nous avons sous les yeux, donne à l'île d'Oleron le neuvième rang comme port d'expédition au petit cabotage avec 37,190 tonnes dont 13,600 tonneaux de vin, et le quatrième rang comme port de destination avec 94,979 tonnes, soit, en totalité, 132,000 tonnes de marchandises diverses tant à l'entrée qu'à la sortie, ou le onzième du mouvement total du cabotage dans l'Océan.

Le commerce maritime dans notre île peut donc s'exercer sur un échange moyen de 100,000 tonnes. Pour effectuer facilement tous les chargements et déchargements que ce tonnage représente, un bassin à flot est indispensable. Or, où pourrions-nous trouver une meilleure situation? Nulle autre part ailleurs. Il serait donc rationnel de créer ce nouveau port sur cette magnifique rade des Trousses que nous a donnée la nature, et dont l'unique emploi, aujourd'hui, est d'essayer la puissance des torpilles. A côté de ces instruments de mort et de destruction, réunissons-y des éléments de vie et de civilisation. Demandons ardemment la création de ce port des Saumonards qui, débarrassé de toute entrave, ne coûterait pas, construit pour les seuls besoins de l'île, plus cher que les travaux proposés à la Perrotine. Dût-il coûter un peu plus, nous serions bientôt indemnisés de ce surcroît de dépenses, car ce projet aurait l'immense avantage d'être en même temps qu'une démonstration, la fondation d'un port d'avenir. Et le jour où l'on aurait reconnu que les travaux exécutés ailleurs n'auraient pas produit ce qu'on était en droit d'en attendre, il faudrait bien se résigner à faire à notre port quelques nouveaux travaux qui lui permettraient, dans la suite, de rivaliser avec tous les ports du littoral.

Marennes. — Imp. A. Florentin Aîné.

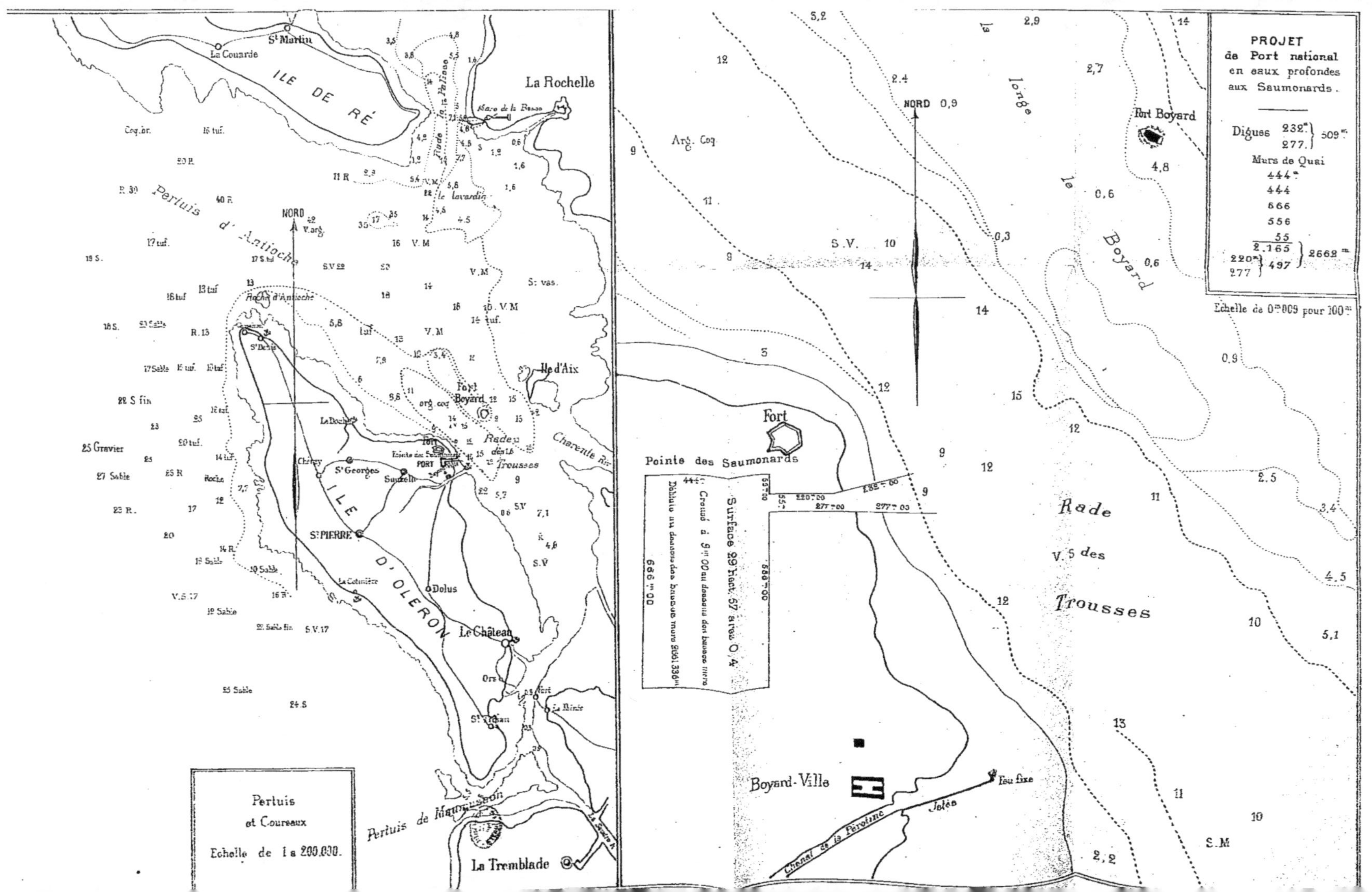

ILE DE RÉ
St Martin
La Couarde
La Rochelle
Mare de la Bosse
Rade de la Pallice
le lavardin
Perluis d'Antioche
NORD
Roche d'Antioche
St Denis
ILE D'OLÉRON
St Pierre
St Georges
Sauzelle
La Cotinière
Dolus
Le Château
Ors
St Trojan
La Brée
La Tremblade
Perluis de Maumusson
Ile d'Aix
Fort Boyard
org. coq.
Le Dochet
Fort
Rade des Trousses
Charente Riv.
Arg. Coq
longe
le Boyard
NORD 0.9
S.V.
Port Boyard
PROJET
de Port national
en eaux profondes
aux Saumonards.
Diguss 232ᵐ.} 509ᵐ.
        277.}
Murs de Quai
444
444
666
556
55
2.165 } 2662ᵐ
220ᵐ} 497
277 }
Echelle de 0ᵐ009 pour 100ᵐ
Fort
Pointe des Saumonards
Surface 29 hect. 57 ares O.4
Creusé à 9ᵐ00 au dessous des basses merse
Déblais au dessous des basses mers 806.336ᵐ
666ᵐ00
Boyard-Ville
Chenal de la Pérotine
Jetée
Feu fixe
Rade
V.S des
Trousses
S.M
Perluis
et Couraux
Echelle de 1 a 200.000.